Dieses Buch gehört:

 *für David*

Anita Jeram
Du bist mein Lieblingsbuch

Deutsch von Hans ten Doornkaat

Text and Illustrations © 2002 by Anita Jeram
(Titel der englischen Originalausgabe:
I Love My Little Story Book)
Published by arrangement with
Walker Books Ltd., London
Copyright © 2002 Text, Illustrationen und
Ausstattung der deutschen Ausgabe
by Verlag Sauerländer, Aarau und
Frankfurt am Main

Printed in Hong Kong

ISBN 3-7941-4911-4

Alle Rechte vorbehalten.
Das Werk und seine Teile sind urheberrechtlich
geschützt. Jede Verwertung in anderen als den
gesetzlich zugelassenen Fällen bedarf deshalb der
vorherigen schriftlichen Einwilligung des Verlages.

Die Deutsche Bibliothek – CIP-Einheitsaufnahme
Jeram, Anita: Du bist mein Lieblingsbuch /
Anita Jeram. Dt. von Hans ten Doornkaat. –
Aarau ; Frankfurt am Main : Sauerländer, 2002
Einheitssacht.: I Love My Little Story Book ‹dt.›
ISBN 3-7941-4911-4

Anita Jeram

Du bist mein Lieblingsbuch

Deutsch von Hans ten Doornkaat

Verlag Sauerländer
Aarau · Frankfurt am Main

Ein Buch ist mir besonders lieb,
es ist mein Lieblingsbuch.
Ich mag, wie es aussieht.
Ich mag, wie es sich anfühlt.
Ich mag, wie gut es riecht.

Und ich liebe die Orte,
die ich in meinem Buch finde.

Kaum öffne ich mein Lieblingsbuch,
bin ich schon in einem Zauberwald.
Da wachsen Bäume, Pilze und
die schönsten Blumen.
Hier treffe ich meine Freunde.

In dem Zauberwald
lebt auch ein Löwe.
Der ist sehr freundlich.

Ich gehe in mein Lieblingsbuch,
dann, wenn es mir gefällt,
und komme aus dem Buch zurück,
sobald ich wieder will.

Es ist mein kühler Schatten
an einem heißen Tag.
Ich lass' die Seiten flattern
und spüre den Wind im Gesicht.

Es gibt auch Elfen und Feen
in meinem Lieblingsbuch.
Die fliegen durch den Zauberwald
und spielen gern mit mir.

Es gibt auch einen Zaubersee
in meinem Lieblingsbuch.
Dort schwimme ich und tauche tief,
denn in meinem Zauberbuch,
kann ich alles, was ich will.

Mal hüpfe ich
über mein Lieblingsbuch,
mal krieche ich
unten durch.

Und immer ist mein Lieblingsbuch
voller Abenteuer
und Überraschungen.

Es gibt auch einen Riesen
in meinem Lieblingsbuch.

Kommt er mit großen Schritten,

verstecke ich mich rasch.

Und mittendrin
im Zauberwald,
da ist das Schloss,
wo die Prinzessin schläft.

Sie schläft dort,
bis ein Prinz sie findet
und sie mit einem Kuss aufweckt.

Ich liebe mein Geschichtenbuch,
weil hier Träume wahr werden.

Der Prinz kam und küsste die Prinzessin…

und dann gab es ein großes Fest im Zauberwald.

Es war das allerschönste Fest. Sogar der Löwe tanzte mit und der Riese auch.

Wenn ich müde bin, dann sage ich
meinen Freunden im Zauberwald
auf Wiedersehen
und schließe das Buch.

Ein Buch ist mir besonders lieb,
es ist mein Lieblingsbuch.
Ich mag es immer
und immer wieder
vom Anfang bis zum…

ENDE